अक्सर....

सारांश

INDIA • SINGAPORE • MALAYSIA

Notion Press Media Pvt Ltd

No. 50, Chettiyar Agaram Main Road
Vanagaram, Chennai, Tamil Nadu – 600 095

First Published by Notion Press 2021
Copyright © Saurabh Chaturvedi 2021
All Rights Reserved.

ISBN 979-8-88503-596-5

मैंने कभी नहीं सोचा था कि मैं एक बार फिर एक किताब के ज़रिये आपसे मुलाक़ात करूँगा। दरअसल पहली किताब सिर्फ़ एक ख़्वाब पूरा होने जैसा था, जो मैंने तब देखा था जब कविता लेखन का अंकुर मुझमें फूटा ही था और जैसे हर व्यक्ति का ख़्वाब जीवन में कुछ बड़ा करने का होता है वैसे ही मेरा सपना भी था कि लोग मुझे जानें। हरि कृपा से वो सपना पूरा भी हुआ, पहले मेरे फ़ेसबुक पेज के माध्यम से जिस पर पहली पुस्तक प्रकाशित होने के समय डेढ़ लाख फ़ॉलोवर्स थे जबकि आज ढाई लाख हैं। फिर पहली पुस्तक 'चार कोस का चाँद' के माध्यम से जिसको आप सबने भरपूर प्यार दिया और मुझे इस दूसरी किताब के साथ आप सबके सामने आने का हौसला दिया। मुझे पूरी उम्मीद है आप सब इस किताब को भी उतना ही स्नेह देंगे। मैंने पूरा प्रयत्न किया है कि इस किताब को पढ़ने वाला या पढ़ने वाली इस किताब में अपने से जुड़ा कुछ न कुछ पाए।

अक्सर.... का हर अक्षर मेरे घर, मेरे परिवार और मेरे दोस्तों के नाम और हर उस शख़्स के नाम जिसके हाथों में इस वक़्त ये किताब है.....

अब ये आपके हवाले.....

अनुक्रमणिका

"कभी कुछ जोड़कर या कुछ घटा कर के कभी,

कोई ख़्वाहिश रोज़ हिसाबों में मिला करती है।

कुछ पुराना सा याद आ जाता है पढ़ कर इसे,

ज़िन्दगी अक्सर हमें किताबों में मिला करती है।"

एक चित्रकार का चित्र में रंग भरना

एक तितली का एक फूल पर बैठना

एक टहनी पर एक नन्हीं पत्ती उगना

एक शिशु का पहली बार माँ बोलना

एक किताब का पहला पन्ना खोलना

प्रेम का हर जगह होना महत्वपूर्ण है

और मैं इसमें अपना योगदान दे रहा हूँ

इस संसार से अपनी किताब का

पहला पन्ना खुलवाकर.....

दिल के शीशे 

दिल के शीशे कुछ साफ़ से तो नहीं

ये गिला कहीं अपने आप से तो नहीं

मुझे यकीन है मैं हौसलों से जिंदा हूँ

किसी हकीम के इलाज से तो नहीं

मेरा मतलब सिर्फ बात रखने से है

मेरा तकाज़ा इंसाफ से तो नहीं

आप क्यूँ हैरान हो रहे हो कि आप पर

मेरे मरने की आदत आज से तो नहीं

ये मेरी फितरत से तो हो सकती है

मेरी ख़ामोशी तेरे लिहाज़ से तो नहीं

शहर 

बड़ी तादाद में ख़्वाब मार देता है शहर अपने

फिर सूद पर ख़्वाब उधार देता है शहर अपने

पढ़ा लिखा है मगर शऊर नहीं किसी बात का

जहाँ तहाँ देखो जूते उतार देता है शहर अपने

कतरा कतरा घट ही जाता यहाँ हर रोज़ जंगल

सुना है हर रोज़ पाँव पसार देता है शहर अपने

जैसे तैसे फ़िलहाल का ज़ख़्म कोई ठीक करे

तो पुराने ज़ख़्म को उभार देता है शहर अपने

कोरोना में मज़दूर 

किधर से आये हैं किधर जा रहे हैं

कुछ पाँव के छाले हैं, घर जा रहे हैं

खुद की बनाई सड़क पर ही हैं पर

खुद की ही चीज़ों से डर जा रहे हैं

कहेंगे क्या अपने वो गाँव से जा कर

कहा था कि जिसको शहर जा रहे हैं

वो भूखे ही आये थे, आये जहाँ से

वो भूखे ही अब लौट कर जा रहे हैं

वो घर की तरफ जो रवाना हुए थे

पहुँचने से पहले ही मर जा रहे हैं

रोज़ रोज़

बिखरा हुआ दिखता है मंज़र ये रोज़ रोज़
है कौन टूट जाता मेरे अंदर ये रोज़ रोज़

कब तक सम्भालूँ अपनी आँखों के किनारे
कब तक पियूँ मैं अपना समंदर ये रोज़ रोज़

जितना ही चलता जा रहा हूँ घर की ओर मैं
क्यूँ दूर होता जा रहा है घर ये रोज़ रोज़

इक बार में तुम ख़त्म करो खेल तमाशा
क्या मुझको दिखाते हो खंजर ये रोज़ रोज़

हमको तुम्हारे जैसा कोई और न मिला
आफ़त भी कौन लेगा अपने सर ये रोज़ रोज़

मैं सोचता हूँ तोड़ दूँ अब ख़्वाब का ये घर
अब कौन संभालेगा खंडहर ये रोज़ रोज़

हादसा 

कोई हादसा तो नहीं हुआ,

क्या बचा है अब जो नहीं हुआ।

मैं हमेशा इस उलझन में था,

ये नहीं हुआ वो नहीं हुआ।

ये एक बात ही खल गयी,

जो हुआ उस को नहीं हुआ।

क़िस्मत में नहीं था नहीं मिला,

नहीं होना था सो नहीं हुआ।

शहर के पीछे घर 

खुला- खुला सा दर किसका है?

शहर के पीछे घर किसका है?

खोना था जिसको वो खोया,

अब खोने को डर किसका है?

धरती से ऊपर हैं पाँव,

आसमाँ में सर किसका है?

सबके आँगन सूखे-सूखे,

बारिश से ये तर किसका है?

ये कोई मजबूरी है क्या?

ये कोई मजबूरी है क्या?

उसका होना ज़रूरी है क्या?

उसके दिल से मेरे दिल तक

ये भी कोई दूरी है क्या?

लौट कर आ गया ख़त

मालुमात अधूरी है क्या?

मिलके उससे नशा होता है

उसकी चश्म सुरूरी है क्या?

मुझको कीमत दे रहे हो

इश्क़ कोई मजदूरी है क्या?

ख़ुद में ही क्या ढूंढता हूँ
मुझमें कोई कस्तूरी है क्या?

उसकी बात मानना भी
बोलो जी हुजूरी है क्या?

ये कहानी इतनी सी थी
ये कहानी पूरी है क्या?

अक्सर 

अक्सर ये था हुआ नहीं,

क़रीब था पर छुआ नहीं।

हमदर्दी तो दे सकते हैं,

पर दे सकते हैं दुआ नहीं।

आ जाओ तुम यादों में अब,

यादें अंधा कुआँ नहीं।

इसमें हार नहीं होती है,

प्यार है ये कोई जुआ नहीं।

सीने में अब आग नहीं है,

आँखों में अब धुआँ नहीं।

कितने पत्थर मेरे पीछे लगे हुए हैं

कितने पत्थर मेरे पीछे लगे हुए हैं

मेरे अंदर कितने शीशे लगे हुए हैं

किसने बोला नंगे पाँव मैं चलता हूँ

छाले हैं, तलवों के नीचे लगे हुए हैं

अब भी शायद कुछ उम्मीदें बाकी हैं

पेड़ों पर कुछ पीले पत्ते लगे हुए हैं

मेरी आँखों से सपनों की राह नहीं

और हम हैं कि आँखें मींचे लगे हुए हैं

कौन है अपना कौन पराया

कौन है अपना कौन पराया क्या रंजिश क्या यारी है,
कौन किसी को क्या देता है सारी दुनियादारी है।

हमसे पूँछो सपने क्या हैं दिल के अंदर गाँव है,
हमने इस गाँव इक अरसा अपनी उम्र गुज़ारी है।

खेल है ये हम जैसों का ही जिसको परवाह एक नहीं,
जीत गयी है दुनिया हमसे, हमसे दुनिया हारी है।

दुनिया ढूँढ रही है हमको हम बिन कैसे काम चले,
हमसे ही मजबूरी उसकी हमसे ही ख़ुद्दारी है।

क्या पाया क्या खोया हमने लेखा-जोखा कौन करे,
जब तक साँस रहेगी तब तक खोना-पाना जारी है।

आग लगा के ख़ुश है दुनिया हम ख़ुश रहने देते हैं,

भूल गयी है दुनिया ये कि हममें भी चिंगारी है।

टकराती है टकराने दो चीखेगी चिल्लायेगी,

मुँह की खानी है दुनिया को अबकि ये तैयारी है।

आदमी होता है ज़िंदा

आदमी होता है ज़िंदा अक्स बिखरा होता है,

टूट जाये शीशा तो उसको जोड़ने से क्या होता है।

ज़िन्दगी में क्यूँ किसी को याद हम रखा करें,

भूल कर जीना किसी को कितना अच्छा होता है।

ख़त जलाकर उसके हमने सर्दियों में तापा है तन,

है सुकूँ आता ज़हन में दिल भी हल्का होता है।

ये उम्मीदें भी किसी को जीने मरने देती नहीं,

आख़री साँसों तक उसने हाथ पकड़ा होता है।

सबकी 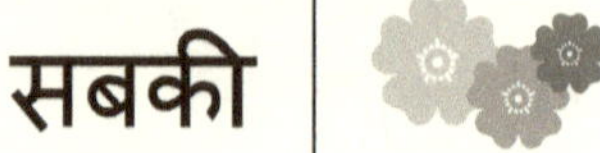

आगे पीछे आनी है पर है आनी सबकी,

एक हिचकी तक ही है कहानी सबकी।

हर एक बात जो अपनी है छुपानी है हमें,

और आदत में है ये कि बतानी सबकी।

हमने मानी थी जो बात दबी है सबसे,

हमने हर मोड़ पे सुनी वो ज़ुबानी सबकी।

हम किसी एक के भरोसे पर जी जाते हैं,

यही तो ज़िन्दगी में होती है नादानी सबकी।

खुले हैं दरीचे

खुले हैं दरीचे तूफ़ान आने वाले हैं,

सुना है चिराग़ों के इम्तिहान आने वाले हैं।

थोड़ी दूर और चलो ख़त्म होती है ज़मीन,

उस तरफ़ से कई आसमान आने वाले हैं।

मिट्टी न ढूँढो यहाँ ये तेरा गाँव नहीं शहर है,

पत्थर का चेहरा लिए मकान आने वाले हैं।

जितनी जल्दी हो तय करो मुझ तक सफ़र,

ख़बर है कुछ लोग दरमियान आने वाले हैं।

ख़ौफ़ज़दा बैठा हुआ है जंगल का इलाक़ा,

कल किसी ने कह दिया इंसान आने वाले हैं।

महीने के राशन की कमर टूट जाने वाली है,

चिट्ठी मिली है घर को मेहमान आने वाले हैं

वो समझ ही न सका मोहब्बत की ज़बान,

तो तय रहा अब जंग के एलान आने वाले हैं।

ये मशालें न बुझाना तुम अभी मंज़िल तलक,

इस सफ़र में कई रास्ते सुनसान आने वाले हैं।

मेरे कानों में 

मेरे कानों में हुंकार लगी है किसकी?

मेरे कमरे से दीवार लगी है किसकी?

सर उठाऊँ तो ये ज़िन्दगी ही जाती है,

मेरी गर्दन पर तलवार लगी है किसकी?

मुझे तो जीतना था सब मुझे बताते हैं,

मुझे आ कर के ये हार लगी है किसकी?

पता नहीं कि ये लड़ना मैं कब भूलूँगा,

मेरी आवाज़ में यलग़ार लगी है किसकी?

जिसे भी देखता हूँ, है वही मझधारों में,

न जाने कश्ती उस पार लगी है किसकी?

अब कहीं जा के

अब कहीं जा के अंदाज़ा पड़ा है,
मुझे लफ़्ज़ों का अब फ़ाक़ा पड़ा है।

किसी की याद के बस चंद टुकड़े,
मेरे दिल में भी ये क्या-क्या पड़ा है।

दरमियाँ दोनों के ख़ामोशी ऐसी,
यूँ लगता है कि इक डाका पड़ा है।

जिएँगे संग मरेंगे संग हम - तुम,
किसी कोने में वो वादा पड़ा है।

इश्क़ का दौर

इश्क़ का दौर , तन्हाई पास क्या कहिए,

दिल ख़ाली और भरा गिलास क्या कहिए।

नाज़ुक डोर पे चलती आशा रात ओ' दिन,

धड़कन भारी, भारी साँस क्या कहिए।

तोड़ के सपनों को मिट्टी में दफ़नाया है,

उग आयी है उन पर घास क्या कहिए।

जिस रस्ते पे कोई हलचल न देखी,

वो ही आया हमको रास क्या कहिए।

वो वक़्त

वो वक़्त अभी तक गुज़र जाना चाहिए था,

ज़ख़्म गहरा है मगर भर जाना चाहिए था।

कसम सच्ची होती तो हम दोनों को अब तक,

बिछड़ने के ग़म में मर जाना चाहिए था।

मेरे दिल को देख कर ये दुनिया सोचती है,

ये शीशा तो कब का बिखर जाना चाहिए था।

अभी तक मैं इसी बात के पछतावे में हूँ,

जो सोचा था मैंने वो कर जाना चाहिए था।

मुझे भटकने का मन था और मैं भटका भी,

पर रात हुई तो मुझे घर जाना चाहिए था।

मुझे यादों से

मुझे यादों से कोई बहाना बनाना नहीं पड़ता,

तू चला आता है ख़ुद, मुझे जाना नहीं पड़ता।

गनीमत है कि अब भी तुझे देखने के लिए,

मुझे आँखों पर चश्मा चढ़ाना नहीं पड़ता।

एक मैं हूँ कि हर ठिकाना तेरे नाम का है,

एक तू है जहाँ मेरा कोई ठिकाना नहीं पड़ता।

लगता है तुम आँखों से बात करना भूल गए,

वरना यूँ हाल लफ़्ज़ों में बताना नहीं पड़ता।

कहाँ ले जाएँ 

इतने भारी सामान को कहाँ ले जाएँ?

हम दिल-ऐ-नादान को कहाँ ले जाएँ?

उठाये फिर रहे हैं जिसको सर पे अपने,

इतने बड़े आसमान को कहाँ ले जाएँ?

यक़ीन नहीं है मुझको ये ज़माने वाले,

तुम्हारे मेरे जहान को कहाँ ले जाएँ?

तलवार मेरे सीने में धँस के रह गयी,

ख़ाली पड़ी म्यान को कहाँ ले जाएँ?

छुपाएँ कैसे तेरी शक़्ल ली हुई दीवारें,

अपने इस मकान को कहाँ ले जाएँ?

अपनी तक़दीर पर 

अपनी तक़दीर पर क़ुदरत की दवा लगने दे,
मुट्ठियाँ खोल लकीरों को हवा लगने दे।

ढूँढ लाऊँगा मैं एक दिन अपने आपको भी,
बस एक बार मुझे ख़ुद का पता लगने दे।

अच्छा ले आऊँगा तुझको तेरे शहर से थोड़ा,
तेरे शहर का चक्कर इस दफ़ा लगने दे।

किसको मनाऊँ और किस तरह मनाऊँ मैं,
पहले चेहरे से कोई मुझसे खफ़ा लगने दे।

अपने चेहरे से न उतारा कर झूठ सारा,
मेरी ख़ातिर उसपे थोड़ी सी वफ़ा लगने दे।

कभी-कभी 

कभी-कभी ज़रा सी ख़रीद लाता हूँ,

मैं बहुत ख़ुश होता हूँ तो उदासी ख़रीद लाता हूँ।

मुझसे ख़र्च हो जाती हैं बारिश की चंद बूँदें,

गुज़ारा करना हो तो रेत प्यासी ख़रीद लाता हूँ।

जब भी हवा छेड़ने लगती है पुराने क़िस्से,

मैं उससे यादें अच्छी ख़ासी ख़रीद लाता हूँ।

जब भी ठिठुरता हूँ दिसंबर की सर्द रातों में,

तेरी यादों की एक क़बा सी ख़रीद लाता हूँ।

तेरी तस्वीर देख कर तबीयत ठीक होती है,

ऐसा लगता है कोई दवा सी ख़रीद लाता हूँ।

नींदें

नींदें बिस्तर की सिलवट पर पाया करते रहते हैं,

ऐसे ही हम हर इक शब को ज़ाया करते रहते हैं।

आधी रात को आँख खुले तो तन्हाई सी लगती है,

दीवारों पे फिर हम ख़ुद का साया करते रहते हैं।

क्या कोई है जिसने उनकी बातों में हमको पाया,

और इक वो हैं मेरी बातों में आया करते रहते हैं।

अच्छा छोड़ो जाने दो सब, अपनी कोई बात करो,

हम तो अपने दर्द को यूँ ही गाया करते रहते हैं।

औरतें

जाने कहाँ से हँसना सीखी हैं औरतें,
कड़वी सी दुनिया में मीठी हैं औरतें।

बाँटी हैं रिवाज़ों ने बस प्यास ही इन्हें,
घूँघट में पसीने को पीती हैं औरतें।

छाया हैं, ममता हैं, और दोस्त सरीखी,
दादी हैं, अम्मा हैं, बीवी हैं औरतें।

घर में ये वाक़िफ़ हैं हर इक की नब्ज़ से,
हर मर्ज़ में दवा की शीशी हैं औरतें।

आदमी

दम तक भरा हुआ है हर एक आदमी,
कितना डरा हुआ है हर एक आदमी।

घर से निकल के हर गली में देखिए मंज़र,
बिखरा पड़ा हुआ है हर एक आदमी।

वक़्त पर लगा के कहीं उड़ गया मगर,
पैदल चला हुआ है हर एक आदमी।

सबकुछ समझ रहा है फिर भी न जाने क्यूँ,
ज़िद पे अड़ा हुआ है हर एक आदमी।

नब्ज़-वब्ज़ साँस-वाँस चल रही मगर,
फिर भी मरा हुआ है हर एक आदमी।

हर एक आदमी को यहाँ खींचने नीचे,
दिल से लगा हुआ है हर एक आदमी।

क्यूँ 

अब सोचता हूँ आदतन ऐसा ही क्यूँ था मैं,

ख़ुद के लिए इस जिस्म में रहता ही क्यूँ था मैं।

जब ज़िन्दगी निकल गयी तो सोचता हूँ ये,

इस ज़िन्दगी के फेर में उलझा ही क्यूँ था मैं।

कहता फिरा कि रात भर न नींद थी मुझे,

फिर देर तक सुबह में सोता ही क्यूँ था मैं।

जाने के बाद मेरे आया वो मेरे घर,

अफ़सोस अपने घर से निकला ही क्यूँ था मैं।

पीते ही चार घूँट को सब दोस्त बन गए,

उन दुश्मनों के साथ में बैठा ही क्यूँ था मैं।

लौट आया 

लुट गया समान सब, बस ख़ाका लौट आया,

ज़ख्म खा कर जंग से प्यादा लौट आया।

पानी का मेरे हलक से कोई वास्ता ही नहीं,

मैं कुएँ तक गया ज़रूर था, प्यासा लौट आया।

उसने मुझसे रिश्ता रखा भी और नहीं भी,

ख़त उसी पे रह गया, लिफ़ाफ़ा लौट आया।

मैं फिर से करवटें बदलने लगा हूँ रात भर,

लगता है फिर इश्क़ का तमाशा लौट आया।

अब मुझे महसूस सी होती है ज़िन्दगी,

लगता है मैं अपने में कुछ ज़्यादा लौट आया।

न किसी मोड़ पर 

न किसी मोड़ पर और न किसी रास्ते पर हो,

क्या पता मंज़िल किसी एक हादसे पर हो

उससे बिछड़ने पर मेरा नुक़सान न पूछो,

जैसे बाग़ीचे का कोई पेड़ काटने पर हो।

ये कैसी दूरियाँ हैं हम दोनों के दरमियाँ,

मैं तुम्हारे क़रीब हूँ और तुम फ़ासले पर हो।

वो इस तरह से बीच सफ़र में बिछड़ा,

हाल जिस तरह आधी रात में जागने पर हो।

आज फिर

आज फिर दिल को समझाया जाएगा,
जो भी है जैसा भी है निभाया जाएगा।

जब-जब तलाशी होगी रूह की मेरी,
किसी जगह वो ज़रूर पाया जाएगा।

खेल ख़त्म हो कर भी ख़त्म नहीं होता,
मुझको कब तक यूँ आज़माया जाएगा।

ये मेरा नसीब है कि उसकी ख़ातिर,
हर बार दुनिया को ठुकराया जाएगा।

देर है थोड़ी 

मोहब्बत को सिसकने में अभी देर है थोड़ी,

ये पैमाना छलकने में अभी देर है थोड़ी।

ज़मीनी थी हक़ीक़त कि मुझे वो याद करते हैं,

ज़मीं को भी खिसकने में अभी देर है थोड़ी।

घर अपना भूल जायेंगे कभी वो दिन भी आएगा,

हमें रस्ते भटकने में अभी देर है थोड़ी।

बहुत नाज़ुक है मेरा दिल मगर अब भी सलामत है,

इस शीशे को चटकने में अभी देर है थोड़ी।

मुझे तुम पूछना कि क्या है मेरा हाल उसके बाद,

हलक़ में जाँ अटकने में अभी देर है थोड़ी।

चलो कुछ याद के जुगनुओं को आज़ाद करते हैं,

सितारों को चमकने में अभी देर है थोड़ी।

अभी ताज़ा ही आया है मुझे उनके बिना चलना,

मेरे छाले फफकने में अभी देर है थोड़ी।

ये सोचता हूँ

ये सोचता हूँ कब से किस-किस से मिला था,
किस से थी मेरी दोस्ती किस-किस से गिला था।

फुर्सत मिली जो देखने की दर्द बढ़ गया,
इक ज़ख़्म सा था दिल पर जो कब से खुला था।

जाने कहाँ-कहाँ गया मैं ख़ुद को ढूँढने,
सदियाँ गुज़र गयीं हैं मैं घर से चला था।

सूरज तो मेरे साथ था सुबह से शाम तक,
वो क्या था जो शाम को चुपके से ढला था।

इक बार मिले वो तो जाने न दूँ उसे,
जो आईने में शख़्स था वो बहुत भला था।

हर चीज़ है दुश्वार जो कोशिश न करो तुम,
मैं आग बुझाने गया तो ख़ुद भी जला था।

ज़मीं कहीं है

ज़मीं कहीं है और आसमान कहीं,

यहीं हैं हम इनके दरमियान कहीं।

लौट के आना है मुझे कि मेरे बग़ैर,

मर न जाये ये सारा जहान कहीं।

मैं ख़ुद में ढूँढने लगता हूँ अक्सर,

शायद मेरा नाम-ओ-निशान कहीं।

मैं जिसको भूलने की कोशिश में हूँ,

आ न जाये उसे मेरा ध्यान कहीं।

मैं जिस रस्ते से लौटता हूँ अब,

उसी रस्ते पे था मेरा मकान कहीं।

बैठा हूँ मैं

एक खोटे सिक्के को चला के बैठा हूँ मैं,
जब से तुझसे दिल लगा के बैठा हूँ मैं।

मैंने ज़माने को ठोकर पर रखा हुआ था,
जाने कैसे तुझसे चोट खा के बैठा हूँ मैं।

कल से तेरी तस्वीर ग़ायब है किताबों से,
कल से घर को सर पे उठा के बैठा हूँ मैं।

तुझे पाँव की झंकार अधूरी नहीं लगती,
कब से तेरी एक पायल चुरा के बैठा हूँ मैं।

पढ़ते-पढ़ते

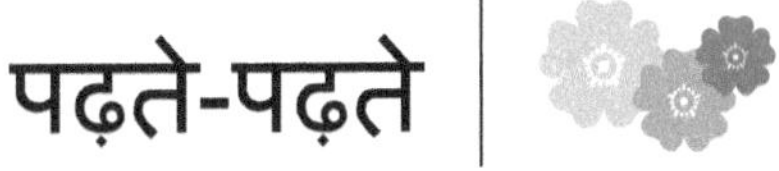

पढ़ते-पढ़ते यूँ रुक नहीं, किनारे से न मोड़ मुझको,

मुझे ख़त्म करना है तो पूरा कर, अधूरा न छोड़ मुझको।

मैं टूट कर हज़ार टुकड़ों में तेरी तरफ़ देखा करता हूँ,

मुझे उठा, गले लगा, कुछ कर, कहीं से तो जोड़ मुझको।

मुझे कुछ होश ही नहीं है किस तरफ़ जा रहा हूँ मैं,

नज़र मिला, सुन तो ले, इस तरफ़ आ, झिंझोड़ मुझको।

मुझे भी साथ ले चल सफ़र में, बहुत काम आता हूँ मैं,

चाहे लपेट, चाहे बिछा, चाहे ढँक या चाहे ओढ़ मुझको।

मैं तो प्याला हूँ

किसी के पाँव को कतर जाऊँ तो क्या हो?

मैं तो प्याला हूँ बिखर जाऊँ तो क्या हो?

न जाने कितने दोस्त हैं मुझे पिलाने वाले,

मैं सोचता हूँ कि सुधर जाऊँ तो क्या हो?

मैं तो सच्चाई हूँ जिनको नापसंद हूँ मैं,

उन्हीं के गले उतर जाऊँ तो क्या हो?

मेरा ही घर मुझे अजनबी सा लगता है,

मैं कभी अपने घर जाऊँ तो क्या हो?

रोज़ लिख-लिख के उस पे मरा करता हूँ,

जो कभी सच में ही मर जाऊँ तो क्या हो?

क़िस्सा ख़त्म किया

हाथ में तुमने ले के ख़ंजर क़िस्सा ख़त्म किया,

हमने भी अंदर ही अंदर क़िस्सा ख़त्म किया।

इससे पहले हम कह पाएँ अपने दिल की बात,

तुमने अपने दिल की कह कर क़िस्सा ख़त्म किया।

कभी-कभी जो आयी भी बातों में बात मेरी,

तुमने घुमा-फिरा के अक्सर क़िस्सा ख़त्म किया।

जहाँ मेरी उम्मीदों को थी सबसे बड़ी उम्मीद,

तुमने भी आ के किस मोड़ पर क़िस्सा ख़त्म किया।

बारिश में

दिल का शोला जल जाता है बारिश में,
अक्सर पाँव फिसल जाता है बारिश में।

हालत छोड़ो तुम मेरी क़ीमत देखो,
गीला नोट भी चल जाता है बारिश में।

उससे कह दो रंग पे ज़्यादा ख़ुश न हो,
अक्सर रंग बदल जाता है बारिश में।

कागज़ की कश्ती की क़िस्मत अच्छी है,
उसको साहिल मिल जाता है बारिश में।

वैसे तो तुम बिन है हर पल बोझिल पर,
मेरा वक़्त निकल जाता है बारिश में।

बारिश की बूँदों में तेरा साथ नहीं,
बस इतना सा खल जाता है बारिश में।

करूँगा क्या? 

आया नहीं वो आज भी आख़िर करूँगा क्या?

मैं भूल भी जाऊँ उसे तो फिर करूँगा क्या?

जब माँगने को कुछ नहीं छोड़ा है उसने फिर,

जा कर मैं अपने घर के मंदिर करूँगा क्या?

मैं ख़त्म कर चुका हूँ अपने सफ़र को अब,

बन कर के अब मैं एक मुसाफ़िर करूँगा क्या?

उससे कोई भी खेल नहीं खेलना मुझे,

मैं बन भी गया जो अगर शातिर करूँगा क्या?

उसके मुक़ाबले मैं बेहद ग़रीब हूँ,

वो आ गया जो घर पे ख़ातिर करूँगा क्या?

कहते हैं

पीठ फेर लेता हूँ तब कहते हैं,
मेरे बारे में अक्सर सब कहते हैं।

उनकी आँखों ने सच कहा मुझसे,
कितना झूठ उनके लब कहते हैं।

अलविदा कहना है उन्हें मुझसे,
देखना है वो ये कब कहते हैं।

उनका ख़्वाब नहीं तो नींद नहीं,
शायद इसी को तलब कहते हैं।

आप भूल जाएँगे क्या हमको,
आप भी क्या ग़ज़ब कहते हैं।

तुम्हें बताऊँ क्या 

तुम्हें बताऊँ क्या कि मोहब्बत में होना क्या होता है,

सिरफिरा हो जाता है आदमी जो अच्छा भला होता है।

दूध से जल जाता तो बात समझ में भी आ जाती,

मोहब्बत करने वाला तो छाछ से जला होता है।

हर पत्ते की सरसराहट पर चौंकना पड़ता है मुझे,

किसी का इंतज़ार करना भी कितना बुरा होता है।

मैं अगर जाग गया तो पलट के नींद नहीं आने वाली,

तुम्हारे ख़्वाब में आने का एक यही सिला होता है।

बोल दी गयी 

जाने किसके उठे हाथ और दुआ बोल दी गयी,

ख़ता उसने की पर मुझे सज़ा बोल दी गयी।

मैं हर बार उससे पूछता रहा उसी बात का मतलब,

वही बात जो मुझसे एक दफ़ा बोल दी गयी।

वो उस दिन से झूठे तरीके से पेश आता रहा,

जिस दिन से उसे सच्चाई ज़रा बोल दी गयी।

जाना जब ज़रूरी हो गया उसका तो उससे,

बस लौट कर आने की इल्तज़ा बोल दी गयी।

जब मिला न आराम मुझे किसी भी तरह से,

मुझे उसकी तस्वीर वाली दवा बोल दी गयी।

लब पे है

लब पे है और आँख तक उठा हुआ है,

वो मेरे चेहरे पर बरसों से रुका हुआ है।

वो मुझे याद नहीं करता मैं भूलता नहीं,

सारा मसअला इसी बात पे फँसा हुआ है।

उसके पहलू में कोई और बैठता होगा,

हमारा रिश्ता तो फ़ासलों से अदा हुआ है।

वो बहुत नचाता है मुझे अपनी उँगली पे,

शौक़ नया है वो नया- नया ख़ुदा हुआ है।

उसकी ख़ातिर मुझे सब छोड़ देना था,

अब कहीं जा कर के ये हौसला हुआ है।

नहीं आ पाया 

दिल को रखने पे नहीं आ पाया,
ज़िद से बचने पे नहीं आ पाया।

मैं शराफ़त में ही रहा सारी उमर,
मैं कभी अपने पे नहीं आ पाया।

साँस अटकी मगर हम ज़िंदा हैं,
दम भी घुटने पे नहीं आ पाया।

वो इधर आये भी तो आये कैसे,
कोहरा छटने पे नहीं आ पाया।

रात तो रात ठहरी कटती कैसे,
दिन भी कटने पे नहीं आ पाया।

बुझ गयी आग तो जाने कब की,
ये धुआँ हटने पे नहीं आ पाया।

कौन करेगा अब 

तो इशारा कौन करेगा अब?

हमें पुकारा कौन करेगा अब?

दुकान समेट ली है हमने अपनी,

फिर ख़सारा कौन करेगा अब?

उन्हें भी वक़्त नहीं मिलता,

ज़िक्र हमारा कौन करेगा अब?

फ़लक़ तक जाते नहीं ये हाथ,

चाँद उतारा कौन करेगा अब?

अब देर बहुत हो चली है,

हमें गवारा कौन करेगा अब?

तुम भी तो वक़्त के जैसी हो,

तुम्हें गुज़ारा कौन करेगा अब?

हम दोनों में सबसे पहले,

देखें किनारा कौन करेगा अब?

*ख़सारा-नुकसान

उसके शहर में हूँ मैं 

उसके शहर में हूँ मैं, इस ख़बर के ऊपर,

पहरे बिठा दिए उसने मेरी नज़र के ऊपर

कोई बिछड़ के किसी से कभी मरता नहीं,

मैंने देखा है उठ के इस डर के ऊपर।

किसी मौसम पर कैसे मैं यक़ीन कर लूँ

कुछ भी बदलता नहीं मेरे घर के ऊपर।

वो अपनी मंज़िल पर पहुँच कर पहले से,

उंगलियाँ उठा रहा है मेरे सफ़र के ऊपर।

बात पहले की

लिखा था जो उसे मिटाने की बात पहले की,

उसने मिलते ही लौट जाने की बात पहले की।

अपनी बातों से कुछ देर तो मेरा दिल रख लेता,

उसने आते ही दिल दुखाने की बात पहले की।

मैंने खोया था उसे इस ज़माने के हाथों,

उसने मुझसे ज़माने की बात पहले की।

मैंने सोचा कि वो अपने ख़त वापस माँगेगा,

पर उसने मेरे ख़त जलाने की बात पहले की।

नहीं लगता 

सिर्फ़ ख्वाबों में आया - जाया नहीं लगता,
तू अगर जिस्म होता तो साया नहीं लगता।

तू कुछ भी बोल तेरा अंदाज़ ख़ुलासा करता है,
तू अपना अगर होता तो पराया नहीं लगता।

मेरा दिल रखने के लिए झूठ बोल दिया कर,
झूठ बोलने में कुछ भी किराया नहीं लगता।

हर एक नदी से थोड़ा-थोड़ा लिया करता है,
दरिया का ख़ुद कुछ भी कमाया नहीं लगता।

मैं हर बात में सिर्फ़ तेरी ही कसम खाता हूँ,
माँ कहती है तुझे कुछ भी खाया नहीं लगता।

अपने कमरे में 

क्या पता सूरज हो कब मेहरबान अपने कमरे में,
इसलिए खोला हुआ है रौशनदान अपने कमरे में।

जब-जब भी शक सा होता है अपने होने पर मुझे,
बिखेर देता हूँ अपना सब सामान अपने कमरे में।

मुझको पड़ोसी लगने लगे हैं ये घर के लोग अब,
मैंने बना के रखा है इक मकान अपने कमरे में।

तस्वीर है, कुछ नज़्म हैं, कुछ टूटे हुए से लफ़्ज़,
क्या-क्या न चल रही है दुकान अपने कमरे में।

है शुक्र कम से कम मेरा ये आईना तो है,
खोती नहीं है मेरी पहचान अपने कमरे में।

इक शख़्स था जिसको कहीं भूला हूँ रख के मैं,
ढूँढ रहा हूँ कब से वो ही इंसान अपने कमरे में।

रह गया है

अब होने को सवेरा रह गया है,
बहुत थोड़ा अँधेरा रह गया है।

मुकम्मल हो गए हैं ख़्वाब सारे,
मगर इक ख़्वाब तेरा रह गया है।

तेरे साये को मिल गया साया,
मेरा साया ही तन्हा रह गया है।

मेरे कंधों पे कुछ भी क्यूँ नहीं है,
आईने में ही चेहरा रह गया है।

मुझे ये ज़ख़्म बहुत पहले लगा था,
यहाँ एक दाग़ गहरा रह गया है।

यहाँ वहाँ भटकेगा 

यहाँ वहाँ भटकेगा थोड़ा कुछ चीज़ें बिखरायेगा,
अँधेरे में ठोकर खाकर कौन चिराग़ जलाएगा?

तेरे दिल को समझाने का ज़िम्मा मैं ले लेता पर,
तेरे सीने में पत्थर है कौन उसे समझायेगा?

पानी भी दिन भर बेचारा इसी सोच में बैठा है,
किसके हलक में उतरेगा वो कौन उसे पी जाएगा?

बस की बात नहीं प्यादों की, राजा का ही खेल है ये,
किससे उसको शह मिलनी है किससे मात वो खायेगा?

तुझे भूल जाऊँ

वो भी इंतहा ही होगी कि जहाँ तुझे भूल जाऊँ,

कहती है कई बार ज़िन्दगी हाँ तुझे भूल जाऊँ।

एक छोटी सी उलझन में उलझा हुआ है दिल,

क्या करूँ, तुझे याद रखूँ या तुझे भूल जाऊँ।

मैंने ख़ुद के लिए कुछ नहीं किया मगर आज,

एक दुआ देता हूँ ख़ुद को जा तुझे भूल जाऊँ।

तू भी तो ऐसा नहीं कि आँखों से ओझल हो,

मैं रखकर एक जगह कहाँ तुझे भूल जाऊँ।

अतीत की ड्योढ़ी 

अतीत की ड्योढ़ी पर खड़ीं तुम

मैं वर्तमान के इस पार

मिलोगी क्या??

मैं हूँ एक खुला हुआ सिरा

और तुम एक ओर से बँधी

जानता हूँ मैं पवन की तरह

और तुम गगन के छोर से बँधी

मैं लाख कहने पर भी कह नहीं सकता

तुम्हारी तरफ हो कर बह नहीं सकता

फिर भी बिना कहे एक अंतिम बार

मिलोगी क्या?

अतीत की ड्योढ़ी पर खड़ीं तुम

मैं वर्तमान के इस पार

मिलोगी क्या??

मैं स्वयं से कब का मंत्रणा कर चुका

जीवन को जमा भाग, गुणा कर चुका

अब तुम्हें बताऊँ तो बताऊँ क्या,

गिनतियाँ गिनाऊँ तो गिनाऊँ क्या

मैं समय को काटता हूँ और तुम भी

अपने को मैं बाँटता हूँ और तुम भी

जब हम और तुम कर लेंगे सब कुछ तार तार

मिलोगी क्या?

अतीत की ड्योढ़ी पर खड़ीं तुम

मैं वर्तमान के इस पार

मिलोगी क्या??

अब हृदय की तुमसे बात क्या करूँ

कह कर तुम पर आघात क्या करूँ

है ये वियोग अंत तक चलेगा

मौन का उपयोग अंत तक चलेगा

और अगर तुम कुछ भी ऐसा मानती हो

अंत के उपरांत एक दिन जानती हो

जीवन जब बोलेगा हम दोनों का सार

मिलोगी क्या?

अतीत की ड्योढ़ी पर खड़ीं तुम

मैं वर्तमान के इस पार

मिलोगी क्या??

प्रेम का विस्तार 

जो तुम्हारी कल्पना से भी परे है

उतना मेरे प्रेम का विस्तार होगा

मैं तुम्हारे हाथ की मेंहदी नहीं हूँ

न तुम्हारी माँग का सिंदूर हूँ मैं

देख लो किस्मत का कैसा खेल है ये

अब तुम्हारे नाम से मशहूर हूँ मैं

क्या कभी तुमने ये सोचा स्वप्न में भी

गीत मेरा तेरे रूप का श्रृंगार होगा

जो तुम्हारी कल्पना से भी परे है

उतना मेरे प्रेम का विस्तार होगा

जो भी मेरी कल्पना है तुमको लेकर

अपने शब्दों में उसे उभारता हूँ

मुझको पढ़ने वाले भी ये जानते हैं

कागज़ों पर मैं तुम्हें उतारता हूँ

देखना एक दिन मेरे एक गीत पर

नाम तेरा ले रहा संसार होगा

जो तुम्हारी कल्पना से भी परे है

उतना मेरे प्रेम का विस्तार होगा

छंद और दोहे तेरी पायल पर लिखकर

एक कविता तेरी कुमकुम पर लिखूँगा

और अगर शब्दों का अंतिम दिन भी आये

तो भी अंतिम शब्द मैं तुम पर लिखूँगा

मेरी तरह बीत जाएंगे तुम ही पर

मेरे शब्दों को भी ये स्वीकार होगा

जो तुम्हारी कल्पना से भी परे है

उतना मेरे प्रेम का विस्तार होगा

एक तुम्हारी वो पुरानी तस्वीर लेकर

बात करता हूँ मैं तुमसे मन ही मन में

मेरे हृदय में सदा तुम ही रहोगी

बात ये मैंने थी बोली तुमसे वचन में

जानता हूँ इस जन्म में मुझको तुम पर

तिनके भर का भी नहीं अधिकार होगा

जो तुम्हारी कल्पना से भी परे है

उतना मेरे प्रेम का विस्तार होगा

मैं तुम्हें अगले जन्म में फिर मिलूँगा

तब प्रतीक्षा तुम मेरी उस बार करना

जो कसर मेरे हृदय में रह गयी है

है कसम तुमको मुझे वो प्यार करना

मैं तुम्हारी राह देखूंगा प्रिये अब

जब ये जीवन श्वास के उस पार होगा

जो तुम्हारी कल्पना से भी परे है

उतना मेरे प्रेम का विस्तार होगा

आखिर कब तक? 

ज़िन्दगी खाक ही होनी थी तो हो जाती

ये जो लपटों में झोंक रखी है, आखिर कब तक?

कत्ल होना था तो हो जाता इक बार सही

ये जो गर्दन पर नोक रखी है, आखिर कब तक?

बात अगर होती तो फिर होती भी क्या

बात मेरी न सही, बात तो तेरी भी न थी

बात जो मैंने कही वो कही बिना समझे

बात तुमने जो सोच रखी है, आखिर कब तक?

जिस्म ज़ख्मो से तो तआरुफ़ रखता है

जिस्म को दर्द का कुछ भी अफसोस नहीं

जिस्म की चोट पर फिर भी मरहम है

ये जो सीने पे चोट रखी है, आखिर कब तक?

तुम तो कहते हो बेहतर है भूल जाओ

ये मसला हो ज़ुबाँ पर तो मैं भूलूँ भी

रोकता हूँ उसको जो ज़ुबाँ पर आती है

मैंने जो दिल मे रोक रखी है, आखिर कब तक?

क्या फासले पर ही रह जाएंगे हम तुम?

रेल की पटरी की तरह हैं हम दोनों

ताकते रहते हैं एक दूसरे को दूर से ही

क्या कभी मिल न पाएंगे हम तुम

क्या फासले पर ही रह जाएंगे हम तुम ?

लोग रिश्ता निभाते हैं, लोग रस्म निभाते हैं

लोग बंधन भी निभाते हैं, लोग मजबूरी भी निभाते हैं

क्या सिर्फ जुदाई ही निभाएंगे हम तुम

क्या फासले पर ही रह जाएंगे हम तुम ?

जोड़ियाँ बनती हैं लोगों को पता चलता है

ये एक दायरा है जो सबको निभाना पड़ता है

जो अपने दरमियाँ है किसको बताएंगे हम तुम

क्या फांसले पर ही रह जाएंगे हम तुम ?

मैं एक दिन तुमसे पूरा जुदा हो जाऊँ शायद

तुम एक दिन मुझसे पूरी जुदा हो जाओ शायद

कभी सोचा है, ज़िन्दगी कैसे बिताएंगे हम तुम

क्या फासले पर ही रह जाएंगे हम तुम?

मंज़िलें एक होतीं हैं जब दो जिस्म एक होते हैं

मंज़िलें भी मिल जातीं हैं और रास्ते भी खत्म होते हैं

क्या अपनी अपनी मंज़िलों में ही समायेंगे हम तुम

क्या फासले पर ही रह जाएंगे हम तुम?

एक मौका मैंने गंवा दिया था एक दिन

एक मौका तुम भी गंवा रही हो शायद

और कितने मौके गवाँएंगे हम तुम

क्या फासले पर ही रह जाएंगे हम तुम ?

ज़िन्दगी के हर बोल मेरे पास हैं

ज़िन्दगी के हर सुर तुम्हारे पास हैं

बोलो गीत किस दिन ज़िन्दगी का गाएंगे हम तुम

क्या फासले पर ही रह जाएंगे हम तुम?

तुम्हें भी पता है तुम्हारी आधी जान मैं हूँ

मुझे भी पता है मेरी आधी जान तुम हो

क्या एक दूसरे को बस आईना ही दिखाएंगे हम तुम

क्या फासले पर ही रह जाएंगे हम तुम ?

झूठा मुस्कुराती हो तुम मैं जान गया हूँ

झूठा मुस्कुराता हूँ मैं ये जान गई हो तुम

क्या ता उम्र झूठा ही मुस्कुरायेंगे हम तुम

क्या फासले पर ही रह जाएंगे हम तुम ?

तुम्हें भी पता है तुम्हारा आधा किस्सा हूँ मैं

मुझे भी पता मेरा आधा किस्सा हो तुम

क्या आधा आधा ही किस्सा सुनाएंगे हम तुम

क्या फासले पर ही रह जाएंगे हम तुम ?

अगर तुम्हारी उलझन हूँ मैं

अगर तुम्हारी उलझन हूँ मैं

तो मुझे कभी सुलझाना मत

और तुम्हारी धड़कन हूँ तो

इक पल को भी घबराना मत

अगर तुम्हारा बीता कल हूँ

तो मुझको याद नहीं करना

और तुम्हारी यादों में हूँ तो

मुझको कभी भुलाना मत

समझ में आऊँ तो अच्छा है

न समझो तो जाने देना

तुमको जो भी समझ में आये

मुझको वो समझाना मत

दिल में आग लगी हो तो फिर

उसको जलने देना तुम

पर जो दिल में आग नहीं हो

तो फिर से आग लगाना मत

दिल का सौदा करना हो तो

मेरा दिल लौटा देना

इस दिल का ये खोटा सिक्का

फिर से कभी चलाना मत

सुना यही है लोगों से कि

मुझसे जुदा हुई हो तुम

जुदा हो गयी हो मुझसे तुम

मुझको कभी बताना मत

दिल 

दिल में ही तो सारी दुनिया

दिल पे ही ये दुनिया भारी

दिल तो जाने तेरा होना

दिल क्या समझे दुनियादारी

दिल पे बीती दिल ही जाने

दिल की फिर भी सबसे यारी

दिल टुकड़ों में बँट जाता है

दिल पे चलती सबकी आरी

दिल लिखना न पढ़ना जाने

दिल जाने न होशियारी

दिल को सबने ठगना सीखा

दिल को ठगना अब भी जारी

दिल के जाने कितने दुश्मन

दिल ने फिर भी बाज़ी मारी

दिल जब ज़िद पे अड़ जाता है

दिल के आगे दुनिया हारी

मैं रुकूँगा नहीं, मैं चलूँगा

नहीं.....

मैं रुकूँगा नहीं, मैं चलूँगा

यदि गिरना भाग्य में है

तो शौक से गिरूँगा

लेकिन

मैं रुकूँगा नहीं मैं चलूँगा

जब फैसले करूँगा मैं

तो गलतियाँ भी होंगी

गलतियों से सबक लूँगा

पर फैसले करूँगा

मैं रुकूँगा नहीं मैं चलूँगा

हवा आएगी तो लड़ूँगा

लौ मद्धम होगी चलेगा

रौशनी कम होगी चलेगा

फिर भी मैं जलूँगा

मैं रुकूँगा नहीं मैं चलूँगा

लोग कहने आएंगे बिल्कुल

उँगली उठाएंगे बिल्कुल

मगर लोगों की कौन सुने

मैं दिल की सुनूँगा

मैं रुकूँगा नहीं, मैं चलूँगा

मैं मर्ज़ी से नहीं आया था

मगर अब मर्ज़ी है मेरी

ज़िन्दगी जीने आया हूँ

पूरी जियूँगा

मैं रुकूँगा नहीं, मैं चलूँगा

अच्छा तो नहीं है 

हर साँस में खालीपन तुम छोड़ गए हो

इतना किसी को लूटना अच्छा तो नहीं है

तुम दिल पे हाथ रख दो, तो तुमको भी चुभेगा

इतना भी दिल टूटना अच्छा तो नहीं है

तू मुझको ही न मिलकर मुझको ही मिला है

ये कैसा मरासिम है जो हो कर भी नहीं है

ये खुद से है नाराज़गी या तुम से गिला है

आँखों में लहू छूटना अच्छा तो नहीं है

न होश ही है मुझको न खुद का पता है

कुछ याद अगर है भी तो वो तेरा ही चेहरा

आ जाओ अगर तुम तो खुद से मैं मिलूँगा

यूँ खुद का खुद से रूठना अच्छा तो नहीं है

इक दिल है जिसमे है बसी बस याद तुम्हारी

तुमने ही कहा था कि ये है मेरा घरोंदा

क्यूँ हाथ से तुमने ये अपने ख़ाक कर दिया

यूँ खुद का ही घर फूँकना अच्छा तो नहीं है

हर बार का किस्सा था, बारिश थी और था मैं

हर बार की बरसात में आँखें भी बह गयीं

अब ढूँढता हूँ अश्क़ जो था नाम पर तेरे

आँखों में अश्क़ सूखना अच्छा तो नहीं है

हर साँस में खालीपन तुम छोड़ गए हो

इतना किसी को लूटना अच्छा तो नहीं है....

मेरा कहा तब सुनोगी न

मेरा कहा तब सुनोगी न

अगले जन्म में मिलोगी न

एक तमन्ना थी तुम्हें बतला सकूँ

लाल जोड़े में तुम्हें अपना सकूँ

एक स्वप्न सच अगर मैं कर सकूँ

माँग तेरी लालिमा से भर सकूँ

किंतु कड़वे सच को हूँ मैं पी रहा

फिर भी तुमको सोच कर ही जी रहा

इस जन्म तो बन गयी हो तुम पराई

अगले जन्म बस मेरी ही बनोगी न

मेरा कहा तब सुनोगी न

अगले जन्म में मिलोगी न

जब तुम्हारी प्रीत मेरी हो जाएगी

सालगिरह जिस दिन तुम्हारी आएगी

इस जन्म से ही हूँ मैं तैयार सा

मैं मनाना चाहूँगा वो दिन त्योहार सा

और विवाह की वर्षगाँठ जब आएगी

इक दीवाली हर वर्ष और मन जाएगी

एक सुंदर सा सफ़र तैयार है

साथ उस सफ़र पर तुम चलोगी न

मेरा कहा तब सुनोगी न

अगले जन्म में मिलोगी न

प्रेम मैंने जिस तरह तुमसे किया है

हर घड़ी और हर घड़ी तुमको जिया है

है निवेदन इस तरह तुम प्यार करना

मुझपे अपना सर्वस्व न्यौछार करना

क्या पता अगले जन्म क्या रहे मुझमें

मैं तो सारे जन्म जी चुका हूँ तुझमें

है प्रतीक्षा एक बार मुझ सा जियो तुम

दो वचन ऐसा ही तुम करोगी न

मेरा कहा तब सुनोगी न

अगले जन्म में मिलोगी न

इस जन्म तो पीर अंदर रह गयी

आँख बनकर बस समंदर रह गयी

नीर खारा मेरे अंदर रह गया

प्रेम सारा मेरे अंदर रह गया

अगले जन्म फिर से ये कोशिश करूँगा

जितना हो सके उतना तुम पर लिखूँगा

इस जन्म तो तुम पर समय है ही नहीं

पर अगले जन्म में तो रोज़ पढ़ोगी न

मेरा कहा तब सुनोगी न

अगले जन्म में मिलोगी न

अम्मा मुझको लोरी गा दे

मुझको भी एक चाँद दिला दे

अम्मा मुझको लोरी गा दे

मेरे चाँद तक उँगली मेरी

उचकूँ तब भी पहुँच न पाये

थोड़ा सा तू हाथ लगा दे

अम्मा मुझको लोरी गा दे

मिट्टी का आकाश ये सारा

मैं तेरी आँखों का तारा

अपने आँचल से चमका दे

अम्मा मुझको लोरी गा दे

मेरा चंदा रूठ न जाये

देख खिलौना टूट न जाये

थोड़ी सी जल्दी करवा दे

अम्मा मुझको लोरी गा दे

मेरे काँधें पर सर रख के

सिरहाने लेटा रहता है

छोटा सा तकिया बनवा दे

अम्मा मुझको लोरी गा दे

सत्य झुकता है कभी क्या

सत्य होता श्वेत वर्णी

सत्य होता श्याम रंग का

सत्य स्वयं में ही धर्म है

सत्य होता राम रंग का

आवरण कितना भी डालो

किंतु छुपता है कभी क्या

सत्य झुकता है कभी क्या

चाहे जितना भी जतन हो

झूठ की है अल्प आयु

झूठ टिकता ही नहीं है

सत्य की ऐसी है वायु

तुम पे है बोलो न बोलो

यह रुकता है कभी क्या

सत्य झुकता है कभी क्या

झूठ इक बोझा है जो कि

सीने में है घर बनाता

झूठ कहने वाला मानव

कंपकंपाता हिचकिचाता

झूठ कहने पर क्या बोलो

सर ये उठता है कभी क्या

सत्य झुकता है कभी क्या

राम 

पहले उसे छला गया

फिर भी वो वन चला गया

एक वचन की लाज रखने

भाई के सर ताज रखने

माँ की ममता छोड़ कर के

सारे बंधन तोड़ कर के

अब कहानी की तरह कहना सरल है,

सत्य किंतु जानते हैं हम सभी

निष्काम रहना कितना कठिन है

राम पर लिखना कठिन है

न लालसा वैभव की उनको

थी न सत्ता की पिपासा

रखा ठोकर पे सिंघासन

और पिता को दी दिलासा

जानते थे वे प्रभु हैं

और वैभव सारे लघु हैं

किंतु सोचो तुम तनिक ये

अवतार ले कर मानवों में

आम रहना कितना कठिन है

राम पर लिखना कठिन है

वो सुखा सकते थे सागर

फिर भी उन्होंने हाथ जोड़े

लंका खुद ही जीत लेते

फिर भी वानर साथ जोड़े

राम हो जब दुःख ही देखो?

सोच कर तुम ख़ुद ही देखो

पास हो जब सारी शक्ति

और तुम्हारी होती हो भक्ति

काम करना कितना कठिन है

राम पर लिखना कठिन है

रावण जलेगा 

चढ़ा रहे कमान हैं

रगड़ रहें हैं तीर को

दबे हुए हैं बोझ में

पकड़ रहे हैं रीढ़ को

मगर ये फिर भी कर्म है

कर्म का पहिया चलेगा

रावण जलेगा

समय के चक्र में फँसे

बिखर चुके उम्मीद में

जागकर के सो गए

उलझ गए हैं नींद में

ये स्वप्न है अडिग खड़ा

ये स्वप्न आँख में पलेगा

रावण जलेगा

ये लोग आसपास के

हमें समझ रहे हैं व्यर्थ

ये जानते नहीं अभी

हमारे मौन का है अर्थ

सुन न पायेगा कोई

मौन ये जब भी खुलेगा

रावण जलेगा

कौन कह रहा है ये

धुएं बड़े घने हुए

एक वक्त हो चला है अब

स्वयं लपट बने हुए

लपट का है एक धर्म

नहीं जगह से वो हिलेगा

रावण जलेगा

दशहरा

रावण को कौन आग लगाएगा यही सोचता रहूँ

त्यौहार न मनाऊँ क्या, राम को ही खोजता रहूँ?

राम को जब आना है तब वो आ ही जाएंगे

अभी तो अपने बच्चों को बाज़ार घुमाना है

मेरी माँ को तो हर दिन मिलते ही होंगे राम पूजा में

हाँ याद आया, माँ का नया चश्मा भी तो बनवाना है

ये रावण मर कर हमको साल की एक छुट्टी दे गया है

कितने दिन से दोस्तों से नहीं मिला हूँ, आज जाऊँगा

उनसे मिलकर के खुद को ही खोज लूँ शायद

भला राम को दर दर खोजने से मैं क्या पाऊँगा

कहते हैं आज के दिन अच्छा बुरे से जीत जाता है

फिर क्यूँ दशहरा पर राम से पहले रावण ध्यान आता है

हमारी ज़िम्मेदारी सिर्फ रावण जलाने की है क्या?

बता दो अभी से कि उसके बाद कुछ नहीं है?

पिताजी भी बताते हैं कि कैसे वो रावण जलाते थे

मगर राम कौन बनता था, उनको याद कुछ नहीं है

आजकल युद्ध करने की भी फुरसत किसको है

ज़िन्दगी टाइम दे तब तो रावण और राम देखें जाएं

घर चलाने में ही रीढ़ दुखने लगती है अब तो

साँस मिले तब तो अच्छाई बुराई वाले काम देखे जाएं

हमको तो बख्शिये इतना बड़ा काम कैसे कर पाएंगे

हमारे तो अपने वनवास के लिए भी जुगाड़ चलते हैं

हमसे आप राम बनने की उम्मीद न करिए साहब

क्योंकि अब ज़मीर पे टिके रावण भी कहाँ मिलते हैं

तो इस बार हो सके तो राम को खोज लाइये,

लेकिन जब तक राम न मिलें रावण से काम चलाइये

वैसे भी अब हमारे तो सारे काम रावण ही करता है

रावण ही हरता है, रावण ही लड़ता है और रावण ही मरता है

जब हम दोनों थक जाएंगे

जब हम दोनों थक जाएंगे

इस जीवन की भागदौड़ से

जब रह जायेंगे हम दोनों

अपने हाथों पर झुर्री लेकर

तब हम फिर से शुरू करेंगे

उसी सिरे से प्रेम कहानी

फोन पे तुमसे बोलूँगा मैं

चलो कहीं कॉफी पीते हैं

तुम कह देना क्या बोलेगा

देखेगा जो हमको कोई

प्यार से मुझको समझा देना

मैं जब तुमसे ये बोलूँगा

करती रहती हो जब देखो

अपने दिल की तुम मनमानी

तब हम फिर से शुरू करेंगे

उसी सिरे से प्रेम कहानी

अच्छा गर तुम मिलने आओ

सूट गुलाबी पहन के आना

वैसे ही जैसा कि मैंने

एक दिन तुमको गिफ्ट किया था

सेल्फ़ी जब बाज़ार में लूँगा

तब तुम मुझको मना करोगी

मैं फिर गुस्सा हो जाऊँगा

करोगी जब तुम आनाकानी

तब हम फिर से शुरू करेंगे

उसी सिरे से प्रेम कहानी

रात को जब हम बात करेंगे

कहना मुझसे नींद आयी है

मैं फिर सो जाओ कहकर के

झुंझला कर के फ़ोन काटूँगा

सुबह सब कुछ भूल भालकर

तुम मीठा सा कुछ कह देना

फिर से वो सब बातें होंगी

फिर से होंगी वो नादानी

तब हम फिर से शुरू करेंगे

उसी सिरे से प्रेम कहानी

मौन पर क्या लिख सकूँगा?

शब्द जब भी शून्य से बाहर निकलने के लिए

करते हैं संघर्ष जब मुख पर निकलने के लिए

सोचता हूँ व्यर्थ है संवाद की प्रतियोगिता

मौन में कितने ही गुण हैं और कितनी योग्यता

इक क्षणिक सा मौन ही कितने ही शब्दों पर है भारी

जैसे संगमरमर के घर में मिलती है फूलों की क्यारी

किंतु जिसको मौन समझाना हो उसको क्या समझ

सोचता हूँ क्या मैं अपना कागज़ कोरा रख सकूँगा

मौन पर क्या लिख सकूँगा??

मौन एक श्रृंगार है, होता है शब्दों से बड़ा

मौन ऐसा रत्न है, होता है चुप्पी में जड़ा

मौन जब होता है तो आँखें ही सबकुछ बोलती हैं

प्रेम की हर बात अक्सर मौन में ही डोलती है

मैंने जब जब मौन रखा है मुझे कहना पड़ा

घुट रही थी चीख मेरी, चीख को सहना पड़ा

है मेरा निर्णय न दूँगा शब्द इस संसार को

किंतु अपने मौन का क्या स्वाद खुद ही चख सकूँगा

मौन पर क्या लिख सकूँगा??

मौन शक्कर हो गया है

पुष्प तुम्हारी याद के धीरे से मुरझाने लगे

शब्द तुम्हारे नाम के फीके से पड़ जाने लगे

अब मैं तुमको क्या लिखूँ अपने नये भवार्थ में

बोलो तुमको क्या मिला मुझको मिटाकर स्वार्थ में

जो नये परिधान तुमने थे दिलाये संबंध को

वो ही अब सम्बन्ध हमारा फिर से फक्कड़ हो गया है

शब्द कसैले पड़ गए हैं मौन शक्कर हो गया है

तुम कहोगी कि विवशता से भरा जीवन है अब

या कहोगी सारी खुशियों से भरा ये मन है अब

अब ये जाना सात फेरे जग में हैं सबसे बड़े

प्रेम तो बस रो रहा है एक कोने में पड़े

जिसको तुमने था जगाया एक गहरी नींद से

फिर से वो संबंध हमारा मुख को ढक कर सो गया है

शब्द कसैले पड़ गए हैं मौन शक्कर हो गया है

ये सिलसिला अब यूँ ही रहने दो

हाँ, कुछ तो बाकी है दिल में मेरे

तुमने दिया है तो ये भी प्यारा है मुझे

हाँ, सब कुछ खत्म कर देना तुम

मगर, ये गिला अब यूँ ही रहने दो

ये सिलसिला अब यूँ ही रहने दो

अब क्या तुम लड़ोगी और क्या हम

ख़ुदा से लड़ने का फायदा भी क्या

सर झुकाना ही बेहतर होगा

उसका ये फैसला अब यूँ ही रहने दो

ये सिलसिला अब यूँ ही रहने दो

अच्छा है बुरा है मैं नहीं जानता

जान कर भी अब करूँगा क्या

सीने से लगा कर ये ही रखना है

तुमसे जो भी है मिला अब यूँ ही रहने दो

ये सिलसिला अब यूँ ही रहने दो

हमारा तुम्हारा ये ही होना था

ये तुम भी जानती थीं और मैं भी

हमारे और तुम्हारे प्रेम का

जो भी है सिला अब यूँ ही रहने दो

ये सिलसिला अब यूँ ही रहने दो

हाथ देख तो सकते हैं एक दूसरे का मगर

हाथ एक दूसरे से मिला नहीं सकते

इसका भी लुत्फ ले लिया जाएगा

ये फ़ासला अब यूँ ही रहने दो

ये सिलसिला अब यूँ ही रहने दो

अपनी ही नज़र में नज़रबंद हो चला हूँ

लौट जाओ मेरी इन दीवारों से

जिसमें घेर के खुद को बैठा हूँ

मेरा ये किला अब यूँ ही रहने दो

ये सिलसिला अब यूँ ही रहने दो

मैं नहीं कहता कि मैं तन्हा हूँ

हाँ, मगर अजनबियों से घिरा हूँ

मेरे सफ़र को अब साथ न देना

ये काफ़िला अब यूँ ही रहने दो

ये सिलसिला अब यूँ ही रहने दो

प्रेम गीत 

तेरे चेहरे ने फिर मुझको

प्रेम गीत लिखवाया है

जो उठी मेरे हृदय से

वो धड़कन भी तेरी है

जो उठी मेरे अधरों से

वो कंपन भी तेरी है

मैंने देखा जब जब दर्पण

तुम ही थे मेरे मुख पर

मेरे जीवन के हर क्षण में

तुम ही थे मेरे सुख पर

तेरी ही तस्वीर ने मुझको

फिर जीना सिखलाया है

तेरे चेहरे ने फिर मुझको

प्रेम गीत लिखवाया है

क्या बोलूँ आँखों का तेरी

मेरा इनमें जग सारा

जब जब भी देखा है इनको

तब तब मैं सब कुछ हारा

जब जब उठीं पलकें तेरी

आँखों ने फिर बात करी

और जब पलकें झुकी तुम्हारी

मैंने अपनी रात करी

तेरी पलकों की छाया में

मैंने गाँव बसाया है

तेरे चेहरे ने फिर मुझको

प्रेम गीत लिखवाया है

चाँद को कौन भुलाता है 

जब सन्नाटे का हर झोंका

मुझको छू कर के जाता है

जब अतीत का चप्पा चप्पा

आँखों के सम्मुख आता है

जब रात की बेला में अक्सर

मैं खुद से बातें करता हूँ

लोगों को क्यूँ लगता है

मैं तुझसे बातें करता हूँ

जब मेरे चारों ओर कहीं

होता है कुछ भी और नहीं

ये चाँद ही है जो यादों के

चुपके से दीप जलाता है

मैं याद करूँ तुम चाँद से थे

अब चाँद को कौन भुलाता है

तेरी आँखों के पानी जैसी

जब ओस की बूंदें गिरतीं हैं

न जाने कितनी स्मृतियाँ भी

तब नंगे पैरों फिरतीं हैं

न जाने कितना हर्ष मुझे

ये मेरा मन दे जाता है

जब तेरे साथ का एक एक पल

मुझको चुम्बन दे जाता है

ये सिहरन सब स्मृतियों की

जब मुझको ठिठुरन देती हैं

तब ये पावन स्पर्श तेरा

मेरा कम्बल बन जाता है

मैं याद करूँ तुम चाँद से थे

अब चाँद को कौन भुलाता है

अपने आगे जब भी मैं

साकार तुझे कर लेता हूँ

मैं ऊब के सारी दुनिया से

बस प्यार तुझे कर लेता हूँ

जब तेरा चेहरा याद करूँ

मेरे जीवन सी लगती हो

तुम चाहे जग में जिसकी हो

मेरी दुल्हन सी लगती हो

जब खो जाता हूँ तुझमें मैं

मेरे स्वप्नों पर वज्र गिराता है

सुबह का अंबर आ कर के

मेरे सच को जब झुठलाता है

मैं याद करूँ तुम चाँद से थे

अब चाँद को कौन भुलाता है

जब इतनी सारी बातें मेरे

सीने से हो के जातीं हैं

मेरी आँखों के धागों को

आँसू से धो के जातीं हैं

तब एक पिटारा यादों का

चुपके से खुल जाता है

तब अपने उस निश्चय पर मन

अंदर अंदर पछताता है

तुम चाँद ही रहना प्रिये मेरी

जीवन भर तुमको पूजूँगा

ये प्रेम ही है जो कि तुमको

मेरा भगवान बनाता है

मैं याद करूँ तुम चाँद से थे

अब चाँद को कौन भुलाता है

ये आस में जीवन जाता है

बीत गया ये जीवन तुमसे

दूर से प्रीत निभाने में

अपनी सोच में हर दिन तेरा

एक प्रतिबिम्ब बनाने में

मेरा हृदय अब मुझको बस

इक विश्वास दिलाता है

किसी जन्म तुम मेरी बनना

ये आस में जीवन जाता है

मुझको दुःख किस बात का होगा

प्रेम ने मुझको गर्व दिया

दीप दिए मुझको कविता के

और तुम्हारा पर्व दिया

प्रेम की धुन में मन मेरा बस

गीत तुम्हारे गाता है

किसी जन्म तुम मेरी बनना

ये आस में जीवन जाता है

साधारण हैं लोग क्या समझेंगे

अपनी इन बातों को

रात से लंबे लंबे दिन को

दिन से लंबी रातों को

तुम में ही तो मन मेरा ये

आठों पहर बिताता है

किसी जन्म तुम मेरी बनना

ये आस में जीवन जाता है

और सुनेंगे प्रभु हमारी

मुझको है विश्वास बहुत

उनका भी हृदय ये जाने

मुझको उनसे आस बहुत

जैसे एक है पूजा अपनी

अपना एक विधाता है

किसी जन्म तुम मेरी बनना

ये आस में जीवन जाता है

अर्जुन

अर्जुन उस दिन से घबराना जिस दिन इतिहास एकलव्य को उसका
अंगूठा लौटा देगा और जिस दिन केशव को कर्ण के रथ पर बैठा देगा

उस दिन से घबराना जब बजरंग बली आकर तुम्हारा ध्वज नहीं थामेंगे
और इंद्र धरा पर आके कर्ण का कवच कुंडल नहीं मांगेंगे

उस दिन से डरना जब कृष्ण तुमको बचाने के लिए सूर्यदेव को नहीं
छुपा पाएंगे और तुमको अपनी ही प्रतिज्ञा के कारण अग्नि समाधि से
नहीं बचा पाएंगे

उस दिन से बचना जब सूतपुत्र युद्ध से पहले ही अपना सत्य बता दे
और तुम्हें अपना गांडीव संभालना पड़ जाए, क्या पता फिर अपने ज्येष्ठ
भ्राता का धंसा पहिया तुम्हें खुद निकालना पड़ जाए

उस दिन से थोड़ा विचलित होना जब तुम्हें पितामह के काट के लिए कोई शिखण्डी न मिले, जब तुम्हें भी कोई श्राप मिला हो और तुम्हारी अपनी ही विद्या पर एक न चले

उस दिन अर्जुन, उस दिन कुरुक्षेत्र देखना चाहेगा तुम्हारे गांडीव की टंकार, देखना चाहेगा तुम्हारे बाणों द्वारा संहार, देखना चाहेगा तुम्हारे तुनीर का लोहा, देखना चाहेगा तुम्हारा लक्ष्य पर प्रहार, इन सब ढालों के पीछे अगर तुम रहना भूल पाओगे, उस दिन अर्जुन, तुम अर्जुन बन जाओगे।

क्या सचमुच बदल रहे हैं हम

तिरंगे को लेकर साल में सिर्फ दो दिन ही सड़कों पर निकल रहे हैं हम

क्या सचमुच बदल रहे हैं हम

पकड़े जाते हैं ट्रैफिक पुलिस में तो जान पहचान बताने की कोशिश

करते हैं

इससे भी बात न बने तो सौ पचास देकर जान छुड़ाने की कोशिश

करते हैं

अभी तक ईमानदारी को निगल रहे हैं हम क्या सचमुच बदल रहे हैं हम

स्वच्छ भारत की कसम है बताना किस किस ने गुटखा खाना

छोड़ दिया है

उस गुटखे की पीक से अपनी ही सड़को पर निशान बनाना

छोड़ दिया है

फिर राह चलते उसी पीक से खुद को बचाते हुए संभल रहे हैं हम

क्या सचमुच बदल रहे हैं हम

हिन्दू को हिन्दू, मुस्लिम को मुस्लिम, समझ में आता है
कभी सोचा है कि इस धर्म में मेरा हिन्दोस्तान कहाँ रह जाता है
वो जो हमको मिला था कभी विरासत में सब कुचल रहे हैं हम
क्या सचमुच बदल रहे हैं हम

मंगल और चाँद तक पहुंच गए हम, न जाने कितनी
सफलताएं झटकी हैं
मगर एक हमारी जनता है जो ट्विटर पर भाजपा और कांग्रेस
पर ही अटकी है
क्या यही हमारा रास्ता है जिस पर चल रहे हैं हम
क्या सचमुच बदल रहे हैं हम

हिन्दू मुस्लिम तो तब भी ठीक था, शिया और सुन्नी ब्राह्मण, कायस्त,
बनिया भी तो है
सोचो तुम्हारे कुएँ के बाहर तुमसे चार कदम आगे दुनिया भी तो है
पैदा होते ही जात पात में ढल रहे हैं हम
क्या सचमुच बदल रहे हैं हम

क्यूँ ठहरे हो तालाब बन कर, बहता पानी बनो न
मिटाओ लकीरें और ख़ुद एक कहानी बनो न
हिंदुस्तान में रह कर बहुत कुछ बन लिये
हिंदुस्तान में रह कर अब तो हिन्दोस्तानी बनो न

एक घर होता है 

एक घर होता है

जो सबके लिए बराबर होता है

उसकी छत माँ होती है

उसमें सबकी जाँ होती है

माँ कभी बेटी की दो चोटियाँ बन जाती है

माँ भूख में थाली की दो रोटियाँ बन जाती है

माँ कभी बच्चों की पढ़ाई बन जाती है

माँ चिमटा, माँ सड़सी, माँ कढ़ाई बन जाती है

माँ के आंचल में सबका सर होता है

एक घर होता है

जो सबके लिए बराबर होता है

मुश्किलों से गुज़रती एक लता है वो

घर का स्तंभ है, पिता है वो

घर की नींव को पसीने से सींचता है

गृहस्थी की गाड़ी को मेहनत से खींचता है

पिता खिलौना है, खेल है, कपड़ोँ का पीस है

पिता किताब है, कॉपी है, बच्चों की फीस है

पिता सबके खून में बहने वाला असर होता है

एक घर होता है

जो सबके लिए बराबर होता है

कभी गुस्से की लड़ाई तो कभी प्यार की बधाई है

एक कंधा तुम हो तो दूजा कंधा भाई है

तुम्हारे परिवार को सम्पूर्ण करने वाला चित्र है वो

तुम्हें भली भातिं जानता है, ऐसा मित्र है वो

तुम्हें डाँटता है, डपटता है, सीख सिखाता है

मगर वो ही साथ होता है जब हर कोई पीठ दिखाता है

सही शब्दों में भाई पहला हमसफ़र होता है

एक घर होता है

जो सबके लिए बराबर होता है

सभ्यता और संस्कार का रहन सहन होती है

मीठे बोलों से तुम्हें बड़ा करने वाली बहन होती है

तुम्हारे अस्तित्व पर माँ जैसा अधिकार रखती है

तुमसे झगड़ती है मगर तुम्हारा दिल हर बार रखती है

बहन राखी है, रोली है, बहन प्यार भरा सौदा है

बहन खुशबू है, बहन पावन है, बहन तुलसी का पौधा है

बहन के संस्कारों से ही घर का नाम अमर होता है

एक घर होता है

जो सबके लिए बराबर होता है

वो जो निकले थे घरों से 

वो जो निकले थे घरों से सरहदों पे जानेवाले

वो अभी भी सीमा पर हैं, छोटे छोटे घर बनाकर

है यही ज़िद अब भी उनकी छू के इस सरहद को देखो

बैठे हैं पहरे पे कितने दिन से अपने सर कटाकर

जिनके फ़ौलादी इरादों ने उखाड़ा शत्रुओं को

जिनके साहस की कहानी हर पहाड़ी कह रही है

शौर्य पर जिनके हिमालय अब तलक अंगड़ाई लेता

जिनकी गाथा सुनके माँ गंगा अभी तक बह रही है

जिनकी साँसों से है लहराता हमारा ये तिरंगा

आये न वापस वो अपना देश पर सब कुछ लुटाकर

है यही ज़िद अब भी उनकी छू के इस सरहद को देखो

बैठे हैं पहरे पे कितने दिन से अपने सर कटाकर

जिनके घर पे थे पिता और जो किसी के थे पिता भी

जो किसी माँ के थे आँचल जो किसी के प्यार भी थे

जो किसी भाई के कांधे और बहन की राखियां थे

वो न केवल थे सिपाही, इनके वो संसार भी थे

आयी जब बारी मगर अपने वतन की तब न सोचा

लांघी वो दहलीज़ अपनी, कदमों को अपने उठाकर

है यही ज़िद अब भी उनकी छू के इस सरहद को देखो

बैठे हैं पहरे पे कितने दिन से अपने सर कटाकर

जो बढ़े ऐसे किसी सीमा से वो फिर रुक न पाए

जो लड़े ऐसे कि विंध्याचल ने अपना बल दिखाया

साँस भी रुकने पे जिनके पग न रुकना जानते थे

जो मरे ऐसे कि मृत्यु ने भी अपना सर झुकाया

चूमता जिनको तिरंगा अब भी लहराता जहाँ पर

साँस अंतिम ले रहे थे शत्रुओं को जो मिटाकर

है यही ज़िद अब भी उनकी छू के इस सरहद को देखो

बैठे हैं पहरे पे कितने दिन से अपने सर कटाकर

अब अपना रिश्ता बंजर है

कितना भी नाराज़ रहूँ मैं

कितना भी तुम प्यार जताओ

कितने भी तुम बीज लगा लो

कितनी भी बारिश करवाओ

तुम भी जानो मैं भी जानूँ

नहीं बचा कुछ भी अंदर है

अब अपना रिश्ता बंजर है

पहले के मंज़र भी क्या थे

तुम भी थे और हम भी थे

माना कि तकलीफें थीं पर

सुख के कुछ मौसम भी थे

अब ये कैसे मौसम आये

खाली खाली सा मंज़र है

अब अपना रिश्ता बंजर है

रिश्ता क्या था घर था वो इक

लम्हे जिसकी बुनियादें थे

प्यार था जिसके हर कमरे में

हम तुम जिसकी दीवारें थे

मैं हूँ अब इस खाली घर में

जो भी था अब सब खंडहर है

अब अपना रिश्ता बंजर है

एक साल ऐसा भी हो 

एक साल ऐसा भी हो

जब हम तुम वापस मिल जाएं

तरकश में जो तीर बचे थे

सारे के सारे चल जाएं

एक साल ऐसा भी हो

मैं तुझको जी लूँ रिश्तों में

एक उम्र तुम्हारे साथ भी हो

जो अब तक काटी किश्तों में

एक साल ऐसा भी हो

तेरी मुझ पर ज़िम्मेदारी हो

जहाँ से हमने छोड़ा था

वो प्यार वहीं से जारी हो

एक साल ऐसा भी हो

जो बस कमाल की तरह हो

पहली बार मिले जिस साल

उसी साल की तरह हो

एक साल ऐसा भी हो

धरती पे पग न रख पाऊँ

मैं खुद को ऐसे देखूँ कि

तुझसे अलग न रख पाऊँ

एक साल ऐसा भी हो

आँखों से तेरी नींद डरे

और हम तुम दोनों मिल जाएं

तू भी ये उम्मीद करे

तुम कौन हो? 

मेरे मौन पर तुम मौन हो

तुम कौन हो?

मेरे शब्द पर निशब्द हो

क्या स्तब्ध हो?

मेरे गीत में संगीत हो

क्या मीत हो?

मेरे हृदय में तुम बंद हो

क्या अंतर्द्वंद हो?

मेरे हर्ष में तुम हर्ष हो

क्या तुम बीता वर्ष हो?

मेरे क्रोध में तुम क्रुद्ध हो

क्या मेरा तुम युद्ध हो?

एक भी उत्तर में जो

तुम हो कहीं

तब तो अब भी वो ही हो

कोई और नहीं

तब तुम मेरी हो जाना

जब रस्तों की साँसें उखड़ीं हों

जब मंज़िल धुंधली धुंधली हों

जब पैरों से ज़मीं खिसकती हो

जब दोनों आँख बिलखती हो

जब अगले कदम से पाँव डरे

तब तुम मेरी हो जाना

जब किसी को किसी की धुन न हो

जब किसी को कुछ न सुनना हो

जब शब्द के मुख पर चादर हो

जब खामोशी का सागर हो

जब सन्नाटा सब मौन करे

तब तुम मेरी हो जाना

जब रिश्तों का कोई बोझ न हो

जब तुम खो जाओ और खोज न हो

जब बंधन से पीछा छुटा सको

जब मुझ पर सर्वस्व लुटा सको

जब कर दो सारी सोच परे

तब तुम मेरी हो जाना

जब मुझसे प्रीत निभा पाओ

जब मेरे कहने पर आ जाओ

जब मेरी कीमत जान सको

जब मुझको पहचान सको

जब हृदय तेरा बस मुझे धरे

तब तुम मेरी हो जाना

जब दुनिया मे सब सहरा हो

जब तुम पर कोई न पहरा हो

जब सूरज फिर से उगे नहीं

जब चेहरे चेहरे से लगे नहीं

जब दुनिया अंतिम साँस भरे

तब तुम मेरी हो जाना

चार कोस का चाँद 

वो मेरे आगे है और मैं

उसके आगे रहता हूँ

चार कोस पे चाँद खड़ा है

चार कोस पे मैं बैठा हूँ

वो रहता है रातों में तो

थोड़ा दिन सा लगता है

लेकिन उसको हाथ लगाना

नामुमकिन सा लगता है

हर एक बात के पहले पहले

नाम मैं उसका लेता हूँ

चार कोस पे चाँद खड़ा है

चार कोस पे मैं बैठा हूँ

साया पानी पर जो आया

हल्का हल्का काँप गया

मौन था मैं बस उसके आगे

वो मुझको था भाँप गया

वो चुप सा है मेरे आगे

मैं भी कुछ न कहता हूँ

चार कोस पे चाँद खड़ा है

चार कोस पे मैं बैठा हूँ

ईश्वर

आप एक स्त्री से जन्में हैं

अगर आपके अंदर एक स्त्री नहीं है

तो आप अंदर से खाली पैदा हुए हैं

तो अपने अंदर किसी स्त्री को भरिये

आप तब समझ पाएंगे प्रेम और बल

आप तब समझ पाएंगे ये पंचतत्व

आप तब समझ पाएंगे ये पूरा विश्व

और शायद आप तब समझ पाएं ईश्वर

ज़िन्दगी

कभी कभी ज़ोर से छड़ी मारती है

कभी कभी इम्तिहान ले लेती है

नकल भी नहीं करने देती है मुझको

मेरे सर पे ही खड़ी रहती है

नम्बर भी बहुत कम देती है अक्सर

मेरी शिकायत सभी से करती है

गर्मों का पेपर तो बहुत आसान है

खुशी में ग्रेस मार्क्स दिया करती है

मेरी ज़िद से वो तंग आ चुकी है अब

कभी कभी तो खुद क्लास बंक किया करती है

मगर कई सबक याद कर लिए हैं मैंने उसके

ज़िन्दगी हार कर अब मुझे पास कर दिया करती है....

बेफ़िक्री

मैं ख़ुद को दो हिस्सों में बटा पाता हूँ

एक हिस्से में बहुत भीड़ है, शोर है

वहाँ लोग हैं, अलग अलग चेहरों के

हर एक चेहरे की अपनी फ़िक्र है

मैं उस हिस्से में ज्यादा बोलता नहीं

और मेरे दूसरे हिस्से में बस ख़ामोशी

जहाँ तुम रहा करती हो मेरे साथ

मैं यहाँ कुछ भी कह सकता हूँ तुमसे

शायद तुम मेरे हिस्से की बेफ़िक्री हो

नदी 

मैं अगर कोई तस्वीर बनाऊँ तुम्हारी

तो पहले ज़िन्दगी दिखाऊँगा अपनी

पहाड़ की तरह, उसमें जंगल होंगे

दुश्वारियों जैसे, और उन सबके बीच

तुम होगी एक नदी की तरह

जो सभी दुश्वारियों को चीरती हुई

पहुँचती है मुझ तक.....

घड़ी की सुइयाँ

तुम सेकण्ड्स वाली सुई हो

मुझको छू कर के गुज़रती हो

हर मिनट,

मैं मिनट वाली सुई हूँ

तुम्हारे पीछे पीछे मगर

तुमसे बहुत दूर,

और ज़िन्दगी छोटी वाली सुई है

गुज़र गयी मुझे देखती हुई

तुम्हारे पीछे....

मेरा मन

मेरे मन में न जाने

कितनी बातें हैं

तुम्हारे लिए, मगर

मेरे मन में तुम भी हो,

सोचता हूँ कभी अगर

मिल गयीं तुम तो,

तुम्हें पहले से पता होंगी

सारी बातें........

पुरुष हूँ मैं, चुप रहता हूँ 

पाबंदियाँ तो मुझ पर भी हैं

मैं भी बहुत कुछ सहता हूँ

मुझे तो रोने की मनाही भी है

पुरुष हूँ मैं , चुप रहता हूँ

हमेशा रहूँ पतंग की तरह ऊपर

कभी कटने वाली डोर न बनूँ

मुझसे उम्मीद करती है दुनिया

मैं सख़्त रहूँ कमज़ोर न बनूँ

इसलिए दिल की दिल में रखता हूँ

खुश हूँ मैं, बस यही कहता हूँ

पुरुष हूँ मैं, चुप रहता हूँ

वोमेन्सडे 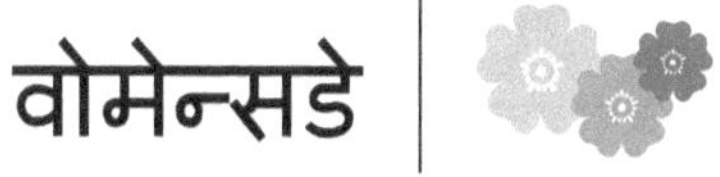

हैप्पी वोमेन्स डे उन जाहिलों को जो लड़कियाँ गर्भ में गिरा देते हैं,

कोई समझाए उन्हें कोख से निकलने वाला हर बच्चा एक जैसा है

हैप्पी वोमेन्स डे उन लोगों को जो पैदा होते ही किसी लड़की के

उसे लक्ष्मी या सरस्वती बताते हैं, एक लड़की को पहले इंसान बनने दो

हैप्पी वोमेन्स डे उन दंभी महिलाओं को जो लगीं हैं पुरुष बनने में

ये पुरुषों की बिगाड़ी हुई दुनिया है, आप भी पुरुष बनी तो दुनिया कौन

संभालेगा

हैप्पी वोमेन्स डे दुनिया की हर नानी और दादी को जो हैं और जो नहीं हैं

आपकी कहानियों की बदौलत हर आदमी कहता है मेरा बचपन बहुत

अच्छा था

हैप्पी वोमेन्स डे हर उस महिला को जो है वर्दी में तैनात अपनी ड्यूटी पर

जो देखना चाहती है अपने बच्चों को बड़ा होते हुए मगर फ़र्ज़ रोक देता है

हैप्पी वोमेन्स डे हर उस औरत को जो संभाले है कांधे पर घर और दफ़्तर

आप अपने आप में एक संस्था हैं, दुनिया को आप सिखातीं हैं मैनेजमेंट

हैप्पी वोमेन्स डे हर उस गृहणी को जिसने चूल्हे की आग में अपने सपने फूँक दिए

आपके घर के हर व्यक्ति में आपके सपने हैं, ये दुनिया आपको देखती है उनमें

और अंत मे....

हैप्पी वोमेन्स डे हर उस पुरुष को जिसमें किसी की माँ के गुण पिता से ज्यादा हैं

आप में एक माँ तब तक रहेगी जब तक आप ज़िंदा हो,

थोड़ा सा प्रेम इस दुनिया मे ज़्यादा रहेगा तब तक..

पुरुष

आप स्त्री पर कुछ भी लिखिए सब पढ़ेंगे

आप प्रेम पर कुछ भी लिखिए सब पढ़ेंगे

मगर स्त्री और प्रेम को जोड़ता हुआ

अपनी संवेदनाएं और अपनी उम्मीदें

सिर्फ अपने हृदय में रखने वाला पुरुष

उसके हिस्से में कविताएं नहीं आतीं

उसके हिस्से आते हैं तो सिर्फ आरोप

आरोप वासना के, आरोप हिंसा के

आरोप कुछ ज़्यादा ही स्वच्छन्द होने के

मगर याद रहे स्त्री और प्रेम अकेले

एक दूसरे के पूरक नहीं हो सकते

माँ का फटा आँचल सबको दिखता है

बाप के शॉल की पैबंद किसी को नहीं दिखते

बहन की राखी सबको दिखती है

मगर उस राखी के उपहार हेतु

बहाया हुआ भाई का पसीना

किसी को नहीं दिखता

किसी की प्रेमिका का किसी और से विवाह

इसमें स्त्री आगे बढ़ जाये तो वो मजबूर

अगर प्रेमी किसी और से विवाह करे

और आगे बढ़ जाये तो वो मतलबी

जहाँ सच्चा प्रेम है वहाँ आपको

एक पुरुष मिलेगा, प्रेमी के रूप में

एक पुरुष मिलेगा, पति के रूप में

एक पुरुष मिलेगा, भाई के रूप में

एक पुरुष मिलेगा, पिता के रूप में

एक पुरुष मिलेगा, बेटे के रूप में

जो हर जगह, हर परिस्थिति में

अपनी स्त्री के साथ खड़ा है

मगर उस पर कोई कुछ नहीं लिखेगा

क्योंकि किसी स्त्री पर कविता लिखकर

किसी स्त्री को रिझाया जा सकता है

उस पर तालियां बटोरी जा सकतीं हैं

उसकी पुस्तकें लिख कर बेची जा सकतीं हैं

क्योंकि पुरुष पर कविता कोई नहीं खरीदेगा

क्योंकि पुरुष पर कविता बिकती नहीं है

माँ 

कभी हँसा देती है

कभी आँखें भिगा देती है

कभी साहस देती है

कभी राहत देती है

हमारे हर ज़ख़्म को टाँकती एक कविता की तरह

माँ होती है जीती जागती एक कविता की तरह

- -

मेरे सर से घुमाकर

सिक्का उड़ा देती है

माँ एक रुपए में बुरी

नज़र से बचा देती है

वो मेरी चोट हो या

मेरी ज़िंदगी के ग़म

वो फूँक देती है और

सब कुछ सुखा देती है

पिता 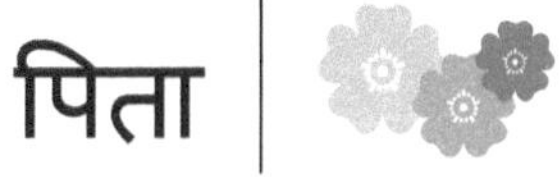

पिता के साथ लोरियों को नहीं जोड़ा जाता

पिता के साथ जोड़ा जाता है अनुशासन

पिता के साथ परियों की कथा नहीं जुड़ती

पिता के साथ जुड़ता है महीने का राशन

पिता के साथ नहीं जोड़ा जाता है वो घर

पिता के साथ मगर जुड़ता है घर का क़र्ज़

पिता के साथ ममता कभी नहीं जुड़ पाती

पिता के साथ जुड़ा रह जाता है बस फ़र्ज़

पिता के साथ कोई त्योहार नहीं जुड़ता

पिता के साथ जुड़ते हैं त्योहार के खर्चे

पिता के साथ कभी जुड़ नहीं पाते हैं आँसू

पिता के साथ बस जुड़ते हैं दवाई के पर्चे

पिता के साथ नहीं जुड़ पाता बेटी का सुख

पिता के साथ जुड़ी रहती है बेटी की विदाई

पिता के साथ नहीं जुड़ती है बेटे की नौकरी

पिता के साथ पर जुड़ती है बेटे की पढ़ाई

पिता के साथ बहुत कुछ नहीं जुड़ा रहता है

पिता मगर हर पल सब के लिए खड़ा रहता है

शहीद भगत सिंह 

दुश्मन से तो बचा लिया

अपनों से कौन बचाता हमको

मंज़िल तक तो पहुँचाया

पर आगे कौन बढ़ाता हमको

जिसको तुमने खुद साँसें दीं

उसको दम भरता देखते तुम

तुम सतह तक तो लाये ही थे

फिर और उभरता देखते तुम

असली आज़ादी का मकसद तो

बस तुमने ही जाना था

एक सोच से तुमको लड़ना था

अंग्रेज तो फ़क़त बहाना था

वो जंग जो तूने शुरू करी

सरदार तू इक गलती कर गया

ये जंग तो उसके बाद भी थी

ओ भगतियाँ तू जल्दी कर गया

हमको तू मिला नहीं 

हमको तू मिला नहीं

फिर भी कुछ गिला नहीं

सिल लिए हैं होंठ तक

ज़ख्म पर सिला नहीं

सोचते थे हम तो ये

दिल समझ ही जायेगा

कोशिशें बहुत करीं

ज़ोर कुछ चला नहीं

उसने सब सुना मेरा

वो भी जो कहा नहीं

अब नहीं वो कुर्बतें

अब वो सिलसिला नहीं

जल गए थे ख़त मगर

लफ्ज़ फिर भी रह गए

कुछ भी तो बचा नहीं

कुछ भी तो जला नहीं

हमको रह गया भरम

शाम तक वो आएंगे

ज़िद पे आफ़ताब है

अब तलक ढला नहीं

*कुर्बतें-नज़दीकियाँ

एक किताब है 

एक किताब है
जिसके सारे पन्नों
पर लिखे हुए हैं
कायदे कानून,
ख़्वामखा के उसूल,
रस्म ओ रिवाज,
उस किताब के
सबसे पीछे वाले
पन्ने पर मैंने लिख
रखा है सुकून, ताकि
मुझे खोजना न पड़े
उस सुकून को
वो किताब ज़िन्दगी है
वो सुकून तुम हो,
मैं जब भी चाहूँ
पन्ने पलट के
पढ़ सकता हूँ तुम्हें...

शायद मुझे नहीं पता प्रेम

मुझे शायद ज्ञात नहीं है

प्रेम की महान परंपरा,

मुझे प्रेम के नियम भी

शायद कंठस्त नहीं हैं,

मैं बिल्कुल अनभिज्ञ हूँ

प्रेम के प्रश्न और उत्तर से,

किंतु मैं तुमको जानता हूँ,

अक्षर गढ़े हैं मैंने तुम पर,

मैंने मन और वचन से

तुम्हें कंठस्त किया है,

मुझे तुम्हारा मिलन भी

ज्ञात है तुम्हारा वियोग भी,

मैंने दोनों परिस्थिति में

नियमों का पालन किया है,

मैं अब भी उत्तर ढूँढ रहा हूँ

प्रेम के अनगिनत प्रश्नों का,

क्या पता धीरे धीरे शायद

तुम्हारा वियोग ही

मुझे प्रेम सिखा दे।

कृष्ण 

वो वृंदावन की अठखेलियों का भी है

वो गोकुल की सहेलियों का भी है

वो यशोदा के आँचल का भी है

वो सुदामा के चावल का भी है

वो राधा के भाग का भी है

वो रुक्मणि के सुहाग का भी है

वो देवकी की जंजीरों का भी है

वो जमुना के तीरों का भी है

वो कंस के भय का भी है

वो बाँसुरी की लय का भी है

वो अर्जुन के नेत्र का भी है

वो गीता के कुरुक्षेत्र का भी है

वो उत्तर है हर एक प्रश्न का

कौन सा रूप पसंद है तुम्हें कृष्ण का ?

राधा

प्रेम का क्या होंठों पर हक़ है

पर होंठों पर तो मुरली है न

प्रेम का क्या सुरों पर हक़ है

पर सुरों पर तो उँगली है न

प्रेम का क्या साँसों पर हक़ है

पर साँसों में तो प्राण हैं न

प्रेम का क्या राधा पर हक़ है

पर राधा ही तो प्रमाण हैं न

किसी ने कृष्ण पर कम लिखा

किसी ने कृष्ण पर ज्यादा लिखा

मुझे तो एक ही सूरत दिखाई दी

मैंने कृष्ण पर बस राधा लिखा

आज 

मैं नहीं लिखना चाहता हूँ इतिहास

क्यूँकि इतिहास होता है पत्थर

जो कि एक ढेर में पड़ा होता है

मैं न ही लिखना चाहता हूँ भविष्य

जो कि समंदर की तरह अथाह है

मुझे लिखना है आज, क्योंकि

आज गुज़रे हुए कल से और

आने वाले कल से होता है अलग

इसलिए रहता है हम सब की

मुट्ठियों में....

तब मुझको होश आया 

तेरे हाथ से कंगन छूटा

पहिये की तरह घूमा

और आ कर के टकराया

तब मुझको होश आया

उँगली में भर के काजल

आँखों के पास ला कर

पलकों पे जब सरकाया

तब मुझको होश आया

अपने हाथों से तूने

धीरे धीरे हौले से

जब ज़ुल्फ़ों को सुलझाया

तब मुझको होश आया

मैं तुझको सोचने में ही

मशगूल रहा इतना

जब ख़ुद को तन्हा पाया

तब मुझको होश आया

लॉकडाउन २०२० 

इस साल कमाई होनी थी, रह गयी

इस साल पुताई होनी थी, रह गयी

इस साल नया वाला व्यापार रह गया

इस साल मम्मी का उपहार रह गया

इस साल दरवाज़े बन्द ही रह गए

इस साल रुपये चन्द ही रह गए

इस साल दफ़्तर घर में ही रह गया

इस साल मज़दूर सफ़र में ही रह गया

इस साल सब क्वारंटाइन ही रह गया

इस साल स्कूल ऑनलाइन ही रह गया

इस साल जो हक़ था हक़ ही रह गया

इस साल खेल लूडो तक ही रह गया

इस साल सबकी आज़ादी रह गयी

इस साल रोटी भी आधी रह गयी

कोरोना

हो गयीं दूरियाँ लाज़मी आजकल

ख़ुद के काँधों पे है आदमी आजकल

हर तरफ़ है चिता हर तरफ है कफ़न

कितनी भारी हुई है ज़मी आजकल

याद कब तक करें जो गया सो गया

भूलना हो गया मौसमी आजकल

यूँ तो कहने को घर पहले जैसा ही है

पर रहती है क्यूँ इक कमी आजकल